Um convite à Oração de Centramento

M. Basil Pennington, O.C.S.O.

Tradução
Cláudio Queiroz de Godoy

CB125146

Edições Loyola

Título original:
An Invitation to Centering Prayer
© M. Basil Pennington, O.C.S.O.
2001 by Cistercian Abbey of Spencer, Inc., USA.
ISBN: 0-7648-0782-X

Preparação: Maurício B. Leal
Projeto Gráfico: Ronaldo Hideo Inoue
Revisão: Renato da Rocha

Edições Loyola
Rua 1822 nº 347 – Ipiranga
04216-000 São Paulo, SP
Caixa Postal 42.335 – 04218-970 São Paulo, SP
(11) 6914-1922
(11) 6163-4275
Home page e vendas: www.loyola.com.br
Editorial: loyola@loyola.com.br
Vendas: vendas@loyola.com.br

Todos os direitos reservados. Nenhuma parte desta obra pode ser reproduzida ou transmitida por qualquer forma e/ou quaisquer meios (eletrônico ou mecânico, incluindo fotocópia e gravação) ou arquivada em qualquer sistema ou banco de dados sem permissão escrita da Editora.

ISBN: 978-85-15-03254-9

© EDIÇÕES LOYOLA, São Paulo, Brasil, 2007

Um convite à
Oração de Centramento

Sumário

Prefácio

O presente volume é, na verdade, obra de John Cleary, nosso generoso editor. Ele reflete uma importante evolução que tem ocorrido no que é popularmente conhecido como "Movimento da Oração de Centramento".

Em 1971, o papa Paulo VI pediu que nós, monges, fizéssemos o que estivesse ao nosso alcance para ajudar a Igreja a reencontrar sua dimensão contemplativa, pois, citando suas próprias palavras, não poderia jamais haver uma renovação profunda da Igreja sem que isso fosse feito. Após um momento de oração e reflexão, começamos a ensinar, do modo mais simples que podíamos, como os primeiros cristãos se iniciavam na prática da oração contemplativa. Tradicionalmente, sempre inserimos a oração contemplativa em um contexto mais abrangente: um contexto no qual a fé e o amor são constantemente alimentados pela Palavra de Deus. Porém, naquele tempo, a maior parte das pessoas estava profundamente interessada em encontrar o modo mais simples para "meditar" e mostrava pouco interesse no que é tradicionalmente chamado de *Lectio* ou *Lectio Divina*, que é o encontro com Deus por meio de Sua Palavra inspirada, fazendo com que Deus nos fale, se revele a nós e nos conduza à comunhão na fé e no amor.

O modo pelo qual os primeiros cristãos se iniciavam na oração contemplativa, tradicionalmente chamada de Oração do Coração, quando apresentado de um jeito simples e moderno, logo recebeu o nome de oração de centramento. Em resposta à demanda daqueles anos, escrevemos alguns livros, como *Centering Prayer* [Oração de Centramento], que introduziam a história deste tipo de oração e continham instruções práticas de como se iniciar nela. Conseqüentemente, a Oração de Centramento tornou-se extremamente popular. Os livros sobre ela foram traduzidos para vários idiomas, e havia uma demanda constante de novos livros sobre o assunto. Em resposta a essa demanda, escrevemos *Centering Living* [Uma vida centrada] e *Call to the Center* [Um chamado para o centro], entre outros. Finalmente, um membro do Instituto Ecumênico de Espiritualidade me desafiou a escrever um livro que fosse simples e acessível a estudantes do ensino médio. Em resposta a esse desafio, escrevi um livro breve e simples: *The Way Back Home* [De volta para casa]. Um pouco maior que um panfleto, na verdade ele foi originalmente publicado como um panfleto pela Union Church, e muitas cópias foram distribuídas ao longo dos anos.

Não nos surpreendeu o fato de que, após haver praticado a Oração de Centramento por algum tempo, muitas pessoas começassem a se interessar de modo crescente por seu contexto completo e especialmente pela *Lectio Divina*, que está na raiz da prece contemplativa. Para atender a todo esse interesse e a essa demanda escrevemos livros como *Lectio Divina: Renewing the Ancient Practice of Praying the Scriptures* [Lectio Divina: renovando a antiga prática de orar sobre as Escrituras] e *Awake in the Espirit* [O despertar no Espírito]. Agora John Cleary, um editor sintonizado com os interesses e as necessidades da comunidade cristã, publica [com outro título] nosso pequeno livro, *De volta para casa*, e adiciona a ele uma apresentação singela da *Lectio Divina*, da qual uma boa parte foi extraída de meu livro sobre a *Lectio*. Porém, como eu mesmo reconheço, grande parte do material deste livro foi extraída ou inspirada pelos escritos do padre Luke Dysinger, O.S.B.

Gostaria então de agradecer sinceramente a John Cleary e ao padre Luke pela contribuição que deram ao presente volume. Espero que este pequeno livro seja de grande valia para muitas pessoas e que as inicie na alegria da *Lectio* e da contemplação. Como disse um dos grandes Padres da Igreja: "Nossos corações batem para Ti, ó Senhor, e eles não repousarão enquanto não repousarem sobre Ti". A única maneira de encontrar repouso para nossos corações impacientes é o nosso encontro com Deus. Não no sentido de descobrir coisas sobre Deus, mas sim encontrando Deus, experimentando Deus e conhecendo Deus por meio de nossa experiência. Este é o objetivo da verdadeira *Lectio*, ou seja, receber Deus e deixar que ela aumente nosso conhecimento e nos leve à contemplação divina. Espero que este pequeno livro, apesar de curto e singelo, seja para muitos o primeiro passo para essa tradição cristã que nos leva a um conhecimento maior, um conhecimento em consonância com o que somos como homens e mulheres batizados em Cristo, e que nos faça participar ativamente da natureza e da vida divina, para que nos tornemos verdadeiros amigos de Deus em Cristo.

M. BASIL PENNINGTON, O.C.S.O.

ABADIA DO ESPÍRITO SANTO, CONYERS, GEÓRGIA

JULHO DE 2001

Oração de Centramento

Onde estás, Senhor?

A história se repete. Todos nós já ouvimos isso. Fazemos as mesmas perguntas que já foram feitas no passado. Procuramos pelas mesmas coisas que outras pessoas também já haviam procurado antes:

Um significado para nossas vidas,
amigos,
e algum tipo de relação
com Deus que
seja a base para todo o resto.

Procuramos por alguém que, com sua sabedoria, nos dê algumas respostas e nos demonstre, com o semblante pacífico e uma alegria serena no rosto, que essas respostas podem realmente nos guiar.

Recentemente, muitas pessoas se voltaram para o Extremo Oriente em busca dessas respostas. Elas foram para a Índia, para a Tailândia e para muitos outros lugares exóticos. Algumas delas encontraram o que estavam procurando, mas a maior parte acabou voltando para suas próprias raízes.

Esta não foi a primeira vez que as pessoas viajaram para o Oriente. Lembram-se de Marco Polo, Mateo Ricci e São Francisco Xavier? Na Idade Média havia os cruzados e os peregrinos. E mesmo antes havia outras pessoas que procuravam pela verdade. No século IV, meu patrono São Basílio e seu amigo Gregório deixaram as palestras de Atenas para encontrar uma sabedoria mais profunda e verdadeira. João Cassiano, um jovem rico da Dalmácia, seguiu o mesmo caminho. As mulheres, como Santa Paula e as encantadoras Santa Melânia, a Velha, e Santa Melânia, a Jovem, respectivamente avó e neta, também procuraram por essa sabedoria mais profunda.

Também podemos ver essa "busca" no tempo de Jesus. O que faziam dois jovens pescadores do mar da Galiléia a leste do Jordão? Estavam procurando pelo estranho homem que havia saído do deserto. Ele tinha cabelos e barba compridos, vestia-se com uma pele de camelo, e diziam que se alimentava apenas de mel silvestre e de gafanhotos! Mas ele trazia uma mensagem. E as pessoas se juntavam em grande número para vê-lo. Entre elas, João e André. "Você é o único?" — eles perguntaram. O único que tinha as respostas e era esperado por todos.

Esse homem do deserto, São João Batista, era um homem humilde. "Não, eu não sou aquele que vocês estão procurando. Mas estejam preparados, porque ele está vindo."

João e André esperaram. Um dia, quando João Batista estava pregando, ele repentinamente ergueu seus olhos e o viu. "Olhem! Naquela direção! Lá está ele." João e André foram em sua direção. Assim que eles se aproximaram de Jesus, ele se voltou e perguntou a eles o que pergunta a cada um de nós — e estas foram as primeiras palavras que Jesus proferiu para os seus discípulos: "O que quereis? O que procurais?"

O que devemos responder?

João era um jovem muito inteligente. E queria saber de tudo. "Mestre, onde moras?" Ele não queria saber disso por um motivo qualquer. Ele queria estar ao lado do Senhor.

Jesus respondeu: "Vinde e vede".

E eles seguiram Jesus.

Provavelmente, João e André esperavam que Jesus os conduzisse a alguma casa ou a uma pequena cabana, onde eles poderiam ficar para aprender com Jesus todos os segredos da verdadeira felicidade e da sabedoria divina. Mas logo eles se deram conta de que, enquanto as raposas têm suas tocas e os pássaros têm seus ninhos, o filho do Homem não tinha onde repousar sua cabeça.

João seguiu fielmente Jesus por três anos. E ouvia cada palavra que ele dizia. E acabou descobrindo que Jesus o amava — assim como cada um de nós descobrirá após passar algum tempo com Jesus.

Finalmente, certa noite ocorreu algo de extraordinário. Primeiramente, João não havia se dado conta de toda a sua importância, mas, obedecendo a Jesus, ele e o irmão de André, Simão Pedro, prepararam uma refeição especial. E foi durante essa refeição que Jesus abriu seu coração a João e aos outros de um modo como nunca havia feito antes. E, como ele mesmo prometera, finalmente respondeu à primeira pergunta de João.

"Aquele que me ama será amado por meu Pai, e eu também o amarei e me mostrarei a ele." Onde eu moro, João? Moro em cada um de vocês.

Esta é a moradia favorita de Deus na Terra: em você e em mim.

Deus está em todo lugar, é claro, mas onde Deus realmente mora? A palavra "moradia" usada por Jesus e João tem um significado especial. Não significa apenas estar ou viver em um lugar, mas estar nesse lugar e desfrutar toda intimidade daqueles que amamos e de nossa família. Deus habita em nós. Deus quer compartilhar intimamente nossa vida. Esta é a razão de ser de toda a Criação. "Porque tudo é vosso. E vós sois de Cristo e Cristo é de Deus."

Deus habita em nós. Deus sempre se sentirá em casa conosco. Mas, ai de nós, *estamos fora de casa* a maior parte do tempo.

O verdadeiro eu

Ao nascer — e é claro que não nos lembramos disso por nós mesmos, embora tudo esteja registrado profundamente em nossa memória — nos sentimos como se fôssemos um pequeno fardo repleto de necessidades. Precisamos de calor, carinho e alimento. Todas essas *coisas* são muito importantes para nós. E gritamos para consegui-las.

E a maioria de nós acaba conseguindo o que quer.

Nossa consciência aumenta. As *pessoas* que provêem nossas necessidades se tornam muito importantes para nós. Cria-se um laço muito profundo entre elas e nós.

À medida que crescemos e nossa consciência continua a aumentar, percebemos a importância das coisas que fazemos, ou seja, dos nossos *atos*. Aprendemos que, se agirmos de certa maneira, os outros nos darão o que desejamos. Se fizermos com que algumas pessoas se sintam felizes ao agirmos de certo modo, seremos recompensados por isso. E despertaremos a inveja nos outros.

Tudo isso faz com que, gradualmente, passemos a ter consciência de nós mesmos — infelizmente, uma consciência equivocada de quem somos. Passamos a nos julgar pelo que temos, pelo que podemos fazer e pelo que os outros pensam de nós.

Este é o modo como a maioria de nós se vê a maior parte do tempo.

Já perceberam quanto é comum uma pessoa dizer imediatamente o que faz quando se apresenta? E como somos rápidos ao perguntar o que ela faz, caso ela não nos diga? Por esse motivo, as pessoas encontram uma dificuldade enorme ao se aposentar, pois estão tão identificadas com o que costumavam fazer que, ao deixarem de trabalhar, é como se perdessem uma parte muito grande de si mesmas.

No passado, as mulheres não costumavam trabalhar, pois pensava-se que elas não eram capazes de fazer qualquer coisa de importante. Elas deviam se contentar com o seu papel de mães e de donas de casa (algumas vezes, nossos valores são realmente bizarros!). Freqüentemente elas eram julgadas pelo que tinham: pelas suas roupas, pelas suas jóias ou pelo seu corte de cabelo. Mas isso não era nada mais que uma consciência equivocada que elas tinham de si mesmas.

Hoje em dia, é claro, os tempos mudaram. Aquela senhora pode perfeitamente ser a presidente de uma companhia, ao passo que aquele senhor ali pode usar sem problemas uma pulseira de ouro, um colar e até mesmo um par de brincos.

Essa é uma imagem muito frágil que fazemos de nós mesmos, porque continuamos a nos julgar pelo que temos, pelo que fazemos e pelo que os outros pensam de nós. E com que facilidade podemos perder os nossos bens, as nossas habilidades e o nosso poder sobre as outras pessoas! A tendência é que fiquemos completamente na defensiva.

Tendemos a competir uns com os outros. Afinal, quanto mais ele ganha, menos eu ganho. Quanto mais eles gostam dela, menos eles gostarão e cuidarão de mim.

Essa consciência equivocada de nós mesmos leva-nos à frustração e até mesmo à violência. Se eu sinto que devo fazer sempre o que os outros desejam e que devo agradá-los para conseguir o que quero, no fundo fico cada vez mais ressentido. Chego até a odiá-los. Mas é claro que não sou capaz de admitir isso, mesmo para mim. Tenho de continuar a contentá-los se quero conseguir o que desejo e aquilo de que preciso. Então, tenho de reprimir meu ressentimento e viver em meio à frustração. E um belo dia nos damos conta do que realmente estamos sentindo...

Nossa consciência equivocada de nós mesmos interfere diretamente em nossa relação com Deus. Para muitos, Deus não passa de um grande sujeito, responsável por todas as coisas boas que durarão para sempre. E temos o dever de satisfazê-lo. Este é o conceito de religião para essas pessoas: elas devem satisfazer a Deus para que obtenham o que desejam, e acabam ressentidas com Deus por exigir tanto de sua parte.

Mas nada disso é verdadeiro. A realidade não é bem assim, tanto no que se refere a nós mesmos como no que diz respeito a todas as coisas.

Deus não é um ente destinado a nos satisfazer eternamente. Deus é um amigo que nos ama e que mora dentro de nós, para que possa nos ensinar todas as coisas e, acima de tudo, dizer que nos ama.

Desejamos ser capazes de descobrir nosso verdadeiro eu, aquele que habita no amor criativo de Deus. Em nosso verdadeiro âmago, não somos criaturas vazias, que se contentam com pouco. Estamos repletos de Deus e de todo o seu amor verdadeiro.

E não precisamos nos preocupar com o que os outros pensam de nós. Foi Deus que concebeu o mundo, e o criou exclusivamente para nós. "Tudo é vosso, vós sois de Cristo e Cristo é de Deus." Podemos fazer tudo o que nos aprouver, pois "tudo posso naquele que me torna forte". Podemos ter tudo o que desejamos: "pedi e recebereis".

Desejamos ter uma consciência verdadeira sobre nós mesmos. E queremos descobrir não apenas quanto somos ricos, poderosos e belos, mas também quanto somos amados, porque Deus nos habita, e é o nosso melhor amigo, mestre e Senhor.

Mas como podemos voltar a nossa casa?

De volta para casa

Uma das figuras mais importantes do século V no Oriente cristão foi um jovem rico, nascido na Dalmácia, que havia estudado em Roma. Seu nome era João Cassiano. João viajou intensamente para o que é hoje a região da Síria e da Ásia Menor e finalmente se estabeleceu em um mosteiro próximo a Belém. Mas ainda estava longe de estar satisfeito. Ele partiu novamente para uma longa jornada de sete anos, mas, ao voltar, ficou ainda mais inquieto. Sua terceira jornada levou-o aos confins do deserto egípcio, onde ele procurou pelos legendários Padres do deserto. Ali, conheceu um velho sábio que diziam que era o mais santo, o mais velho e o mais sábio de todos os padres: *Abbá* Isaac.

...

João e o seu companheiro de viagem, o pequeno Herman, rogaram para que o venerável padre lhes ensinasse aquilo de que mais necessitavam. "Padre, nos ensine como devemos orar." O venerável *Abbá* falou-lhes de forma maravilhosa sobre nossa comunhão com Deus, que nos ama e nos habita. Também falou dos frutos e da alegria de uma vida dedicada à experiência de Deus.

João e seu amigo foram nada menos que transportados de volta para suas celas naquela noite. Mas quando acordaram pela manhã eles se encontravam novamente com seus pés bem plantados sobre a terra. O pequeno Herman voltou-se para João e perguntou: "Sim, mas como podemos fazer isso? Como experimentar o Deus vivo que habita em nós e que norteia nossas vidas acima da realidade na qual estamos imersos?"

Os dois jovens vestiram suas túnicas e correram sobre a areia em direção à cela de *Abbá* Isaac. "Como você consegue fazer isso? Como você se prepara para este tipo de oração?"

O Padre ficou impressionado com a sinceridade dos dois. "Vejo que vocês dois estão realmente à procura da verdade. Deixem-me ensiná-los o que aprendi, quando era jovem, de um dos mais santos, velhos e sábios padres." Assim, *Abbá* Isaac deu início à sua segunda conferência e passou a ensinar na prática o que era necessário fazer para entrar no espaço do coração e para estar na presença do Deus vivo que nos habita.

João não voltou ao seu mosteiro em Belém. Em vez disso, ele foi para Constantinopla, capital de seu mundo, onde foi ordenado sacerdote. A seguir, partiu para o Ocidente para ensinar o que havia aprendido no Oriente. João fundou dois mosteiros próximos à cidade de Marselha, um para homens e outro para mulheres. E escreveu para aqueles monges e freiras com a maior fidelidade possível as palavras cheias de vida que ele ouvira dos grandes mestres espirituais do Oriente. É aqui que podemos situar a segunda conferência de *Abbá* Isaac, onde ele ensina na prática a meditação cristã, um método que hoje chamamos de "Oração de Centramento".

Ao longo dos séculos, monges e freiras têm lido as conferências de *Abbá* Isaac, registradas por João Cassiano. Eles têm praticado e ensinado aos outros essa oração. Ela tem sido ensinada por guias espirituais nos mosteiros e por irmãos leigos. Padres escreveram tratados sobre a Oração de Centramento para os seus filhos espirituais. De longe, o mais conhecido desses tratados é *A nuvem do desconhecimento*, escrito no século XIV, ainda muito usado nos dias de hoje e disponível em várias edições.

Em 1971, houve um importante encontro de guias espirituais em Roma. Todos eram abades cistercienses, responsáveis por mosteiros de todas as partes do mundo. Nesse encontro, seu intuito era refletir como poderiam ajudar de modo mais efetivo os seus filhos espirituais. O encontro foi liderado pelo papa Paulo VI. O velho pontífice trazia-lhes uma mensagem. Ele recomendou que eles, sem prejuízo de sua atividade monástica, fizessem o que fosse possível para ajudar todos os filhos da Igreja e todos os peregrinos de Deus a redescobrir esse antigo modo de orar, para que pudessem descobrir os seus corações centrados em Deus e, desse modo, pudessem viver suas vidas em conformidade com a verdade, com o amor e com o poder de Deus. É aqui que reside a realização plena para todos nós.

Os abades cistercienses procuraram encontrar um modo simples e prático de compartilhar essa oração com os fiéis. E, pouco tempo depois, passaram a ser os grandes responsáveis por sua divulgação. Inspirados por um dos maiores mestres espirituais entre eles, padre Louis (Thomas Merton), essa oração passou a ser chamada de Oração de Centramento — um novo nome para uma realidade muito antiga.

E eis aqui, em sua versão moderna, o antigo método de meditação cristã que *Abbá* Isaac ensinou a João Cassiano e que ainda é ensinado nos dias de hoje pelos guias espirituais cistercienses (trapistas):

...

Oração de Centramento

Sente-se, relaxe e permaneça em silêncio.

1 Deixe fluir sua fé e seu amor por Deus, que habita a parte mais profunda de seu ser.
2 Escolha uma palavra de amor e repita-a gentilmente, para lhe ajudar a estar com Deus com um amor repleto de fé.
3 Sempre que perder a concentração, simplesmente retorne gentilmente à presença do Senhor usando a mesma palavra de amor que você havia escolhido para a sua oração.

Ao final da oração, reze em silêncio um Pai-nosso (ou qualquer outra oração).

SENTE-SE, RELAXE E PERMANEÇA EM SILÊNCIO.

Nossos colegas trouxeram do Oriente algumas posturas maravilhosas, como a de lótus e a de semilótus. Elas são perfeitas para a meditação. Mas, para a maioria, o melhor método é simplesmente sentar-se em uma cadeira com encosto. O mais importante é estar relaxado (mas não tão relaxado a ponto de cochilar) e que as costas estejam retas, para que nossa energia vital possa fluir livremente. É recomendável fechar os olhos, pois consumimos grande parte de nossa energia psíquica apenas para enxergar. Logo após fechar os olhos, começamos a nos sentir mais relaxados.

Jesus nos disse: "Venham a mim todos os que estão cansados e sobrecarregados, e eu lhes darei descanso". Orar também deve ser revigorante, tanto do ponto de vista físico como do psicológico e espiritual.

DEIXE FLUIR SUA FÉ E SEU AMOR POR DEUS, QUE HABITA A PARTE MAIS PROFUNDA DE SEU SER.

Sabemos que Deus nos habita. Sabemos disso porque temos fé: se Jesus disse isso, só pode ser verdade.

Cheios de amor, nós nos doamos a Deus, dedicando integralmente a Deus nossa atenção e todo o nosso ser nos vinte minutos de nossa oração. "Eu me entrego a ti, Senhor. Fazei o que desejardes de mim."

ESCOLHA UMA PALAVRA DE AMOR E REPITA-A GENTILMENTE, PARA LHE AJUDAR A ESTAR COM DEUS COM UM AMOR REPLETO DE FÉ.

A seguir, escolhemos uma palavra de amor, normalmente o nome favorito com o qual nos referimos ao Senhor: "Jesus", "Senhor", "amigo" (É provável que *Abbá* tenha sido a palavra de amor escolhida por Jesus). Então, repetimos essa palavra gentilmente, do fundo do nosso coração, e a repetimos automaticamente em silêncio, sem nenhum esforço de nossa parte. Tudo o que precisamos fazer é repeti-la, para que fiquemos na companhia do Senhor, para que estejamos de braços abertos para o Senhor e para que Ele esteja presente em nós da maneira que Lhe aprouver.

SEMPRE QUE PERDER A CONCENTRAÇÃO, SIMPLESMENTE RETORNE GENTILMENTE À PRESENÇA DO SENHOR USANDO A MESMA PALAVRA DE AMOR QUE VOCÊ HAVIA ESCOLHIDO PARA SUA ORAÇÃO.

Nós nos acalmamos com a presença do Senhor e experimentamos uma sensação de paz muito grande. De repente nos damos conta de que estamos com o pensamento voltado para o que jantamos a noite passada, ou para alguma coisa que havíamos esquecido de fazer, ou para os nossos planos para o próximo verão etc. Nosso cérebro continua funcionando como um computador. Também podemos perder a concentração em virtude de causas externas: podemos ouvir vozes do quarto vizinho, alguém cortar grama ou tocar piano na sala de baixo, e assim por diante.

Toda vez que nos distraímos com alguma coisa, devemos repetir nossa palavra de amor para voltarmos gentilmente à presença do Senhor. Em certos dias devemos repetir essa palavra de amor quase ininterruptamente, pois há muitas coisas que podem interferir em nossa concentração, tanto interna como externamente. Por outro lado, há dias em que não temos a menor necessidade de repetir a palavra. Não importa a ocasião; cada vez que perdemos nossa concentração, devemos retornar gentilmente à presença do Senhor.

Ao retornarmos à presença do Senhor, o que nos tirou a concentração desaparecerá imediatamente. É como se o Senhor nos perguntasse: "Você me ama mais do que a isso?" Ao repetir nossa palavra de amor estaremos respondendo: "Sim". Nesses vinte minutos de oração, esquecemos todas as outras coisas para abrir espaço em nossas vidas exclusivamente para Deus, de modo que seja feita Sua vontade. E o que Deus mais quer é que saibamos quanto somos amados e quanto Ele está verdadeiramente conosco durante toda a nossa vida.

Conforme nos concentrarmos exclusivamente em Deus e todas as outras coisas desaparecerem, todo o estresse e toda a tensão decorrentes delas também desaparecerão. Após a oração, seremos capazes de enfrentá-las sem aquela aura de negatividade em torno delas. É desse modo que nosso Senhor faz com que nos sintamos revigorados psicologicamente durante essa oração, ao mesmo tempo em que o somos do ponto de vista físico e espiritual.

Assim, deixe que todas as outras coisas desapareçam de seu pensamento — tudo o que vier à tona em sua mente —, enquanto gentilmente você repete com simplicidade sua palavra de amor e escolhe estar com Deus.

AO FINAL DA ORAÇÃO, REZE EM SILÊNCIO UM PAI-NOSSO (OU QUALQUER OUTRA ORAÇÃO).

Muitas pessoas rezam regularmente de modo centrado duas vezes ao dia. Elas concluíram que *vinte minutos* é mais do que suficiente para essa oração. Ela faz com que todo o estresse e toda a tensão acumulados desde a última meditação se dissipem e com que encontremos no Senhor um repouso satisfatório e revigorante — ao mesmo tempo em que damos ao Senhor a oportunidade de nos curar de modo profundo, se essa é a Sua vontade. Por essa razão, recomendamos enfaticamente esses vinte minutos.

DUAS VEZES POR DIA. Não meditamos apenas para desfrutar vinte minutos de bem-aventurança. Desejamos mudar a consciência que temos de nós mesmos, para que nos tornemos mais plenamente cientes de quem realmente somos e de Deus e para que possamos viver essa outra realidade. Desejamos que nossa vida seja centrada para que possamos amar livremente todas as pessoas e todas as coisas e para que ela seja engrandecida pela presença do Senhor em nosso âmago. Essa mudança ocorrerá muito mais cedo se orarmos de modo centrado duas vezes ao dia em vez de apenas uma.

Não esqueça: *vinte minutos, duas vezes ao dia*.

Permita que voltemos para casa para morar com Deus.

Tudo começa com a fé

Por todo este pequeno livro temos ouvido a palavra do Senhor. Jesus nos disse que ele e o seu Pai nos habitam, que eles querem nos revigorar, que todas as coisas nos pertencem e que somos criaturas de Deus. Podemos acreditar em tudo isso, e sabemos que tudo isso é verdade porque Deus nos deu um dom que chamamos de fé.

Fé é a habilidade que Deus nos deu de saber que algo é verdadeiro porque Deus assim o diz. É um dom precioso, porque faz com que fiquemos a par de todo o nosso destino — na verdade, de toda a história: "Eu vos dei a conhecer tudo quanto ouvi de meu Pai".

Analogamente aos nossos músculos e ao nosso cérebro, a fé é um dom que se fortalece pelo uso.

A fé se origina do fato de ouvirmos e se fortalece conforme ouvimos cada vez mais. Queremos que nossa fé se fortaleça a cada dia que passa. "O justo (e aquele que é feliz) viverá da fé." Queremos ouvir e receber a Palavra de Deus todos os dias.

Eis um modo simples e tradicional de ouvir a Palavra de Deus:

A leitura das Escrituras

RECOMENDA-SE COLOCAR AS SAGRADAS ESCRITURAS ENTRONIZADAS EM UM LUGAR DE HONRA EM SUA CASA, COMO SE FOSSEM A PRESENÇA REAL DA PALAVRA DE DEUS ENTRE NÓS.

1. Abra o texto sagrado com reverência e invoque o Espírito Santo.
2. Em cinco minutos (ou mais, se você costuma ler mais pausadamente), escute Deus falando com você por intermédio do texto e procure responder às suas palavras.
3. Ao terminar, escolha uma palavra ou uma frase (talvez alguma tenha sido "oferecida" a você) que seja diferente daquela que você usou na Oração de Centramento e agradeça a Deus por estar com você e por falar com você.

Ler as Sagradas Escrituras é o modo mais fácil de ouvir o que o Senhor tem a nos dizer.

A Bíblia Sagrada deveria estar entre os nossos bens mais valiosos. Jamais a deixe sobre outros livros ou na mesma estante que eles. Em vez disso, ela deve ser entronizada em nossos lares e escritórios como se fosse a presença real de Deus entre nós.

Todos os dias, devemos reservar algum tempo para ouvir o que o Senhor tem a nos falar por meio dessa palavra inspirada.

Abrimos a Bíblia com grande reverência, cientes de que estamos na presença de Deus. Beijamos a Bíblia e rogamos ao Espírito Santo que inspirou os autores e que nos habita para fazer com que a palavra de Deus venha até nós cheia de vida.

A seguir, escutamos a voz de Deus pelo tempo previamente combinado. Se ouvirmos a voz do Senhor na primeira palavra com que depararmos, deveremos responder a Ele. Caso contrário, deveremos continuar a ler suavemente, sempre preparados para responder se ouvirmos a voz do Senhor. Se o Senhor nos falar de forma contundente, simplesmente deveremos nos submeter a essa palavra e à Sua presença.

Ao terminar de ler, agradecemos a Deus (não é maravilhoso poder ouvir o que Deus tem a nos falar no momento em que queremos?) e guardamos de nosso encontro com Ele um pensamento ou uma palavra que deve permanecer conosco durante todo o resto do dia.

Em certos dias, o Senhor nos fala diretamente e nos dá uma palavra. Não precisamos procurar por ela. A Palavra de Deus vem cheia de vida, e toda a sua vivacidade nos anima.

Há dias em que o Senhor parece estar ausente de nossas vidas. Lemos uma palavra atrás da outra e parece que elas não têm nada a nos dizer. É então que devemos, ao final de nossa leitura, escolher uma palavra para permanecer conosco. Com freqüência, no decorrer do dia, descobri que essa palavra era justamente aquela que uma outra pessoa precisava ouvir de mim. Em outras ocasiões, a palavra que eu havia escolhido repentinamente ganhava vida — um encontro verdadeiro com o Senhor — quando eu menos esperava.

Na Última Ceia, Jesus disse aos seus discípulos (e a todos nós): Já não vos chamo de servidores, mas vos chamo de *amigos*, porque vos dei a conhecer tudo quanto ouvi de meu Pai — todos os segredos do meu coração.

Fomos criados para ser amigos íntimos do Senhor. Nossos corações anseiam por essa amizade. Como disse em uma ocasião um grande pecador que se tornou um grande santo: "Nossos corações foram feitos para Ti, ó Senhor, e jamais descansarão até que encontrem repouso em Ti!"

Mas não nos contentamos só em ouvir as palavras do Senhor, não importa quão maravilhosas elas sejam. Queremos uma união mais profunda com Deus, que possa ser experimentada vividamente. É como em qualquer amizade verdadeira: conforme ela aumenta, precisa transcender as palavras para que possamos realmente compartilhar todas as coisas. A imagem de Deus que tem sido freqüentemente usada é a do enlace matrimonial, em que duas pessoas se unem em uma só. É então que se faz mais necessária a Oração de Centramento, em que não ouvimos a Palavra de Deus apenas com os nossos ouvidos, os nossos olhos e as nossas mentes, mas também nos nossos corações e no nosso ser como um todo.

A fé é a porta de entrada para a intimidade. E ela se fortalece à medida que ouvimos cada vez mais a Palavra de Deus.

O pai pródigo

Assim que Jesus começava a falar, uma multidão composta pelos mais diversos tipos humanos se formava. Os maiores críticos, que se situavam à margem da multidão, eram os fariseus, que tinham resposta para tudo, os escribas, versados nas leis, e os sacerdotes, que se consideravam sagrados. Eles olhavam desdenhosamente para a multidão heterogênea que se acotovelava para ouvir Jesus — que para eles não passava de um bando de pecadores que não conheciam as leis de Deus.

Mas, para Jesus, o mais doloroso era que a maior parte das pessoas pobres que o ouviam acreditavam prontamente que eram realmente pecadoras. Elas estavam bem cientes dos seus pecados e ansiavam por ouvir palavras que pudessem fazer com que se sentissem em paz consigo mesmas.

Então Jesus contou uma parábola.

Um homem rico tinha dois filhos. O mais velho era um rapaz muito virtuoso, rigorosamente cumpridor de seus deveres. Ele sabia que, como primogênito e herdeiro de seu pai, deveria zelar por sua futura herança. O mais jovem tinha outros interesses na vida. Ele queria viver a vida em toda a sua plenitude.

Ele pediu ao seu bom pai que lhe adiantasse a quantia em dinheiro que lhe cabia para que ele pudesse continuar levando uma vida de dissipação. Pobre e tolo rapaz! Para ele, tudo se resumia na busca de prazeres momentâneos. Ele era prisioneiro da imagem equivocada que fazia de si mesmo. Ele permitia que os outros o bajulassem e vivessem à sua custa. Conseqüentemente, acabou sozinho, infeliz e na miséria. Despreparado para enfrentar os rigores da vida, teve de se sujeitar aos trabalhos mais servis e humilhantes para sobreviver.

Finalmente, ele caiu em si. Do fundo do seu coração, reconheceu a sua verdadeira dignidade e o seu valor, como filho do seu bom pai. Mas ele tinha sido privado de toda essa dignidade. No entanto, ao menos podia se atirar aos pés do seu bom pai e contar com a sua compaixão — e assim ter uma sorte melhor do que estava conseguindo por si só.

Então ele voltou para casa.

Seu bom pai jamais havia deixado de amá-lo. E o seu amor jamais havia perdido a intensidade. Ao avistar o seu filho, e apesar da sua avançada idade e da sua dignidade, ele correu na direção dele para recebê-lo de volta ao lar com grande amor e alegria. Naquele momento, tudo o que ele queria era comemorar a volta do filho e só depois ouvir o que havia ocorrido com ele. No momento, só havia lugar para a alegria e a celebração. O passado deveria ser totalmente esquecido. Seu filho estava de volta — e isso era tudo o que aquele pai mais queria.

Do fundo dos nossos corações, convido a todos para questionar o nosso próprio valor. Não importa o que fizemos até agora — se cometemos alguns erros terríveis ao longo da nossa trajetória ou apenas alguns simples e patéticos desencontros, tão comuns na vida de toda criança de Deus — devemos nos perguntar se Deus realmente nos ama, se Ele nos habita, se Ele deseja ser realmente nosso amigo íntimo.

Esse é o motivo pelo qual Jesus contou essa parábola. Todos nós somos, de uma maneira ou de outra, filhos pródigos. Mas Deus é ainda mais pródigo em Sua generosidade ao nos perdoar e continuar nos amando. Todos nós, de um modo ou de outro, abandonamos o nosso lar. Mas Deus permaneceu na nossa casa — em nós mesmos — e está esperando o nosso retorno.

É chegado o momento de voltarmos para casa.

E o caminho de volta é muito simples.

Todos nós gostamos de realizar tarefas difíceis, pois, ao realizá-las, nos orgulhamos do que fomos capazes de fazer (mas, ao nos orgulhar dos nossos próprios feitos, estamos dando vazão à imagem equivocada que temos de nós mesmos).

Jesus disse: "E, se não vos tornardes de novo como meninos, não podereis entrar no Reino dos céus".

O REINO DE DEUS ESTÁ EM NÓS MESMOS.

Entre e volte para a casa. O Reino de Deus é o nosso lar. E nós somos as crianças de Deus.

Dentro de nós mesmos encontraremos o amor e a paz.

Dentro de nós encontramos a nossa verdadeira identidade: aquela pessoa maravilhosa que é tão amada por Deus.

Volte para casa e para si mesmo. Volte para Deus.

A lectio divina

O processo da lectio divina

Uma arte muito antiga, outrora praticada por todos os cristãos, a *lectio divina* consiste em uma técnica de oração baseada na leitura lenta e contemplativa das Sagradas Escrituras, para que a Palavra de Deus, presente na Bíblia, possibilite a nossa união com Deus. Essa antiga prática tem sido mantida viva pela tradição monástica cristã, tornando-nos capazes de descobrir o ritmo espiritual subjacente ao nosso dia-a-dia. E nesse ritmo descobrimos a nossa habilidade cada vez maior de nos doar a Deus e de aceitar o abraço que Deus continuamente nos oferece na pessoa de Seu filho Jesus Cristo.

...

Lectio

(LEITURA/AUDIÇÃO)

A arte da *lectio divina* inicia-se com o desenvolvimento da habilidade de ouvir com profundidade, de ouvir "com o coração", conforme São Bento nos encoraja no prólogo de sua Regra. Ao ler as escrituras, devemos imitar o profeta Elias, ou seja, devemos nos esforçar para que possamos ouvir a voz baixa e serena de Deus (1Reis 19,12), o "murmúrio" que é a voz de Deus para nós, quando fala diretamente ao nosso coração. Ao escutar gentilmente a sua voz, ficamos em harmonia com a presença de Deus naquela parte especial da criação: as Escrituras.

O clamor dos profetas endereçado ao antigo Israel era a palavra de ordem cheia de alegria para "Ouçam!" "*Sh'ma* Israel: Escutai, ó Israel!". Na *lectio divina*, obedecemos ao mesmo comando ao nos voltar para as Escrituras, conscientes de que devemos "ouvir" — escutar — a voz de Deus, muitas vezes proferida com muita suavidade. E para que sejamos capazes de ouvir alguém que fala suavemente devemos aprender a fazer silêncio. Devemos amar o silêncio. Se não paramos de falar ou se estamos cercados de ruídos por todos os lados, não podemos ouvir os sons que são proferidos suavemente. Conseqüentemente, a prática da *lectio divina* exige que primeiramente façamos silêncio, para poder ouvir a Palavra de Deus. Esse é o primeiro passo da *lectio divina*, apropriadamente chamada de *lectio* — leitura.

O ritmo da leitura ou da audição, o primeiro passo na *lectio divina*, é muito diferente do ritmo apressado que os modernos cristãos empregam em seus jornais, livros e mesmo na leitura da Bíblia. *Lectio* é ouvir com reverência, ouvir em uma atmosfera de silêncio e admiração. Estamos escutando a voz baixa e serena de Deus, que falará a cada um de nós pessoalmente — e intimamente em vez de ruidosamente. Na *lectio*, lemos com vagar e com atenção, ouvindo gentilmente a palavra ou a frase que é a Palavra de Deus dirigida a nós neste dia.

Meditatio

(MEDITAÇÃO)

Uma vez encontrada a palavra ou uma passagem nas Escrituras que nos fale pessoalmente, devemos absorvê-la e "ruminar" sobre o seu significado. Na Antiguidade, a imagem de um ruminante mastigando tranqüilo simbolizava o cristão refletindo na Palavra de Deus. O exemplo da Virgem Maria "meditando em seu coração" o que ela havia visto e ouvido de Cristo (ver em Lucas 2,19) sempre foi considerado pelos cristãos um convite das Escrituras à *lectio divina*. Nos dias de hoje, devemos considerar essas imagens um lembrete de que devemos absorver a Palavra de Deus, ou seja, memorizá-la; e, ao mesmo tempo em que a repetimos para nós mesmos, devemos fazer com que ela interaja com os nossos pensamentos, as nossas esperanças, as nossas memórias e os nossos desejos. Este é o segundo passo da *lectio divina* — a *meditatio*. Com a *meditatio*, fazemos com que a Palavra de Deus seja dirigida diretamente a nós, e assim nos emocione e nos afete profundamente.

Oratio

(ORAÇÃO)

O terceiro passo da *lectio divina* é a *oratio* — a oração, entendida tanto como um diálogo com Deus, isto é, uma conversa cheia de amor com Aquele que nos convidou a abraçá-Lo, como no sentido de uma consagração, na qual oferecemos a Deus de modo sacerdotal partes de nós mesmos que não acreditávamos que Deus aceitaria de nós. Nessa oração e nessa consagração, fazemos com que a Palavra de Deus que absorvemos e sobre a qual refletimos nos emocione e nos transforme profundamente. Da mesma forma que um sacerdote consagra o pão e o vinho na Eucaristia, na *lectio divina* Deus nos convida a dividir com Ele os nossos problemas mais difíceis e as nossas experiências mais dolorosas, recitando gentilmente a palavra que Deus nos ofereceu em nossa *lectio* e na *meditatio*, de modo que ela possa nos trazer alívio. Na *oratio*, a oração e a consagração permitem que o nosso verdadeiro eu seja tocado e modificado pela Palavra de Deus.

Contemplatio

(CONTEMPLAÇÃO)

Finalmente, tudo o que temos a fazer é repousar na presença do Único, que nos dirigiu a palavra para nos convidar a aceitar o abraço divino que nos transformará. Qualquer pessoa que já amou alguma vez na vida sabe muito bem que há momentos em que as palavras não são mais necessárias nesse tipo de relação. O mesmo acontece com a nossa relação com Deus. O repouso silencioso na presença d'Aquele que nos ama é chamado na tradição cristã de *contemplatio*, ou seja, contemplação. Mais uma vez, é necessário que fiquemos em silêncio, deixando que as nossas palavras se esvaiam, para que possamos desfrutar plenamente a experiência de estar na presença de Deus.

O ritmo subjacente da lectio divina

Se queremos realmente praticar a *lectio divina* com sucesso, devemos retroceder no tempo para entender um conceito que se encontra em via de desaparecimento nos dias de hoje. Para os antigos cristãos, as palavras *ação* (ou *prática*, do grego *praktikos*) e *contemplação* não descreviam a existência de diferentes tipos de engajamento cristão (ou de não-engajamento) em duas formas distintas: a oração e o apostolado. A prática e a contemplação eram consideradas dois pólos do nosso ritmo espiritual subjacente e contínuo: nada mais que uma oscilação entre a nossa "atividade" espiritual diante de Deus e a nossa "receptividade".

A prática, ou seja, a "atividade" espiritual, a que se referem os antigos cristãos nada mais é do que a nossa cooperação ativa com a graça de Deus para que eliminemos os nossos vícios e para que as nossas virtudes possam florescer. A atividade espiritual não se manifesta de dentro para fora, como ocorre no apostolado, mas de fora para dentro, em direção aos recantos mais profundos das nossas almas, onde o Espírito de Deus está constantemente nos transformando e nos moldando à Sua imagem e semelhança. Portanto, o objetivo de uma *vida ativa* deve ser enxergar quem realmente somos e nos transformar nas pessoas que Deus gostaria que fôssemos.

Na antiga tradição monástica, a contemplação era entendida de duas formas distintas. A primeira era a *theoria physike*, a contemplação de Deus na criação, ou seja, Deus "no meio de muitos". A segunda era a *theologia*, a contemplação de Deus em Si mesmo, sem o uso de imagens ou de palavras — Deus como "O Único". Vista desta perspectiva, a *lectio divina* funcionaria como um ponto de partida para a contemplação de Deus na criação.

Na contemplação, cessamos nosso *fazer* interior espiritual e aprendemos simplesmente a *ser*, o que nada mais é do que repousar na presença de nosso amado Pai. Assim como em nossa vida exterior passamos constantemente de falantes a ouvintes e do questionamento à reflexão, devemos aprender, em nossa vida espiritual, a desfrutar o poder revigorante de simplesmente *estar* na presença de Deus, uma experiência que deve ser alternada (se assim o permitirmos!) com nossa *prática* espiritual.

Antigamente, a contemplação não era vista como um objetivo a ser alcançado por meio de algum método de oração, mas era simplesmente aceita com gratidão como uma dádiva recorrente de Deus. De tempos em tempos, Deus nos convida a parar de falar, de modo que possamos repousar em seu abraço. Este pólo de nosso ritmo espiritual é chamado de contemplação.

E como esse entendimento do que era a contemplação nos primórdios do cristianismo é diferente da nossa abordagem moderna! Em vez de oscilarmos gradativamente entre a atividade e a receptividade, entre a prática e a contemplação, nos dias de hoje consideramos a contemplação antes de tudo um objetivo a ser alcançado, e para atingir esse objetivo tudo o que precisamos é de uma técnica espiritual adequada. Porém, se queremos praticar a *lectio divina*, devemos estar dispostos a sacrificar a nossa abordagem voltada para a contemplação como um objetivo a ser alcançado, pois o único objetivo da *lectio divina* é estar com Deus por meio da Palavra. O tempo que destinamos a todos os aspectos da *lectio divina*, seja na reflexão, na consagração ou na contemplação, não depende de nós, mas sim do Espírito de Deus. A *lectio divina* nos ensina a saborear e a nos deliciar com todos os sabores da presença de Deus, sejam eles modos ativos ou passivos de experimentar a Deus.

Na *lectio divina*, oferecemos a nós mesmos para Deus; e estamos em constante movimento. Nos primórdios do cristianismo, esse movimento espiritual era comparado a uma hélice, ou seja, a uma espiral ascendente. Se consideramos esse movimento em apenas duas dimensões, ele se assemelha a um movimento circular; se incluirmos nesse movimento sua dimensão temporal, ele se assemelhará a uma hélice, a uma espiral ascendente que significa que estamos nos aproximando cada vez mais de Deus. Toda a nossa vida espiritual era vista como uma oscilação gradual entre a nossa atividade e a nossa receptividade espiritual, pelas quais Deus nos unia ainda mais. Exatamente do mesmo modo, todos os estágios da *lectio divina* representam uma oscilação entre esses dois pólos espirituais. Na *lectio divina*, aprendemos a reconhecer o nosso ritmo espiritual subjacente e a descobrir muitas maneiras de experimentar a presença de Deus, ou seja, muitas maneiras diferentes de oração.

A prática da lectio divina

A lectio divina individual

Escolha um trecho das Escrituras sobre o qual você gostaria de rezar. Em sua *lectio divina* diária, muitos cristãos usam uma de suas leituras para a liturgia eucarística do dia, outros preferem se deter com maior vagar em um determinado livro da Bíblia. Não importa o texto escolhido, desde que a extensão da leitura não seja previamente determinada: ela está nas mãos de Deus, e não em nossas mãos.

Fique em uma posição confortável e procure ficar em silêncio. Alguns cristãos se concentram por alguns instantes na sua própria respiração. Outros recitam gentilmente uma palavra ou uma frase de oração que lhes são caras para alcançar o silêncio interior. Para alguns ainda, a Oração de Centramento é uma ótima e breve introdução à *lectio divina*. Use o método que melhor lhe aprouver para poder desfrutar o silêncio por alguns instantes.

A seguir, tenha o texto em mãos e leia-o com vagar e gentilmente. Saboreie cada trecho da leitura e procure ouvir constantemente a "voz baixa e serena de Deus" em uma palavra ou em uma frase que de certo modo diga "hoje, estou aqui especialmente para você". Não espere por uma iluminação nem por um êxtase repentinos. Na *lectio divina*, Deus nos ensina como escutá-Lo e como procurá-Lo em silêncio. Deus não tenta nos alcançar e nos impor Sua presença; em vez disso, Deus nos convida gentilmente a estar em Sua presença de modo ainda mais profundo.

O próximo passo é a escolha de uma palavra ou de uma frase. Procure memorizá-la e repeti-la lentamente para si mesmo, permitindo que ela interaja com o seu mundo interior de preocupações, lembranças e idéias. Não tema as "distrações". Lembranças ou pensamentos nada mais são do que partes de nós mesmos que, quando vêm à tona durante a *lectio divina*, estão pedindo para ser oferecidas a Deus junto com o resto do nosso ser interior. Permita que essa meditação, que essa reflexão convidem você a dialogar com Deus.

A seguir, procure falar com Deus. Não importa se, nesse processo, você usa palavras, idéias ou imagens ou as três ao mesmo tempo. Interaja com Deus da mesma forma que você faria com alguém que você sabe que o ama e o aceita. E ofereça a Deus o que você acabou de descobrir em si mesmo durante a *meditatio*. Experimente a si mesmo como o sacerdote que você realmente é. Experimente Deus usando a palavra ou a frase que Deus lhe ofereceu como uma bênção, como um modo de transformar as idéias e as lembranças que foram despertadas quando você meditou sobre a Palavra. Ofereça a Deus o que você encontrou dentro do seu coração.

Finalmente, simplesmente repouse no abraço de Deus. E, quando Deus convidá-lo a meditar sobre a palavra ou a retomar o seu diálogo interior com Ele, obedeça-O. Aprenda a fazer uso das palavras quando elas forem necessárias, e a prescindir delas quando forem desnecessárias. Alegre-se ao saber que Deus está com você tanto nas palavras como no silêncio, tanto na atividade espiritual como na receptividade interior.

Algumas vezes, na *lectio divina*, alguém pode recorrer várias vezes ao texto impresso, para saborear o contexto literário da palavra ou frase oferecida por Deus, ou para procurar uma nova palavra ou frase para meditar. Em outras ocasiões, uma única palavra ou frase será suficiente para que todo o processo da *lectio divina* seja concluído. Não é necessário avaliar com ansiedade a qualidade da *lectio divina* de cada um de nós como se estivéssemos em busca de uma performance melhor ou de um objetivo a ser conquistado: o único objetivo da *lectio divina* é estar na presença de Deus ao orarmos sobre as Escrituras.

A prática da lectio divina em grupo

Nas igrejas do terceiro mundo, onde os livros são raros, um tipo de *lectio divina* em grupo, em que vários cristãos meditam ao mesmo tempo sobre um texto das Escrituras, está se tornando comum. Esse tipo de *lectio divina* funciona melhor em um grupo composto de quatro a oito pessoas. O líder do grupo coordena o processo e facilita a troca de experiências. O mesmo trecho das Escrituras é lido três vezes em voz alta, e a cada leitura se segue um momento de silêncio e, a seguir, a oportunidade de cada membro do grupo de compartilhar os frutos da sua *lectio*.

A primeira leitura (na verdade, o texto é lido duas vezes nessa ocasião) tem como objetivo fazer ouvir uma palavra ou uma passagem que toque o coração de todos. Quando essa palavra ou essa frase é encontrada, as pessoas devem guardá-la silenciosamente para si e gentilmente recitá-la, meditando sobre ela durante o silêncio que se segue. Passado esse instante de silêncio, cada pessoa diz para o grupo que palavra ou frase tocou o seu coração.

A segunda leitura (feita por um membro do sexo oposto ao da pessoa encarregada da primeira leitura) tem como objetivo fazer "ouvir" ou "ver" Cristo no texto. Cada pessoa deve meditar sobre a palavra que tocou o seu coração e se perguntar como ela pode afetar sua vida nesse dia. Em outras palavras, como Cristo, a Palavra Encarnada, afeta sua própria experiência, sua própria vida? Como cada membro do grupo está ouvindo ou vendo Cristo atingi-lo por meio do texto? A seguir, após um momento de silêncio, cada membro do grupo deve compartilhar com os outros o que "ouviu" ou "viu".

A terceira e a última leitura tem como objetivo fazer experimentar Cristo "nos chamando em sua direção" ao *fazermos algo* ou *simplesmente sermos*. Os membros do grupo devem se perguntar o que Cristo, por meio do texto, deseja que *façamos* ou que *nos tornemos* nesse dia ou nessa semana. Após um momento de silêncio, cada membro do grupo compartilha a sua experiência pela última vez, e o processo é concluído com cada um rezando pela pessoa que está à sua direita.

Aqueles que praticam regularmente esse método de oração e de compartilhamento das Escrituras acabam por descobrir que é uma maneira excelente de desenvolver a confiança dentro de um grupo; também é uma maneira excelente de consagrar projetos e esperanças a Cristo antes de encontros em grupos mais formais. Um resumo desse método de *lectio divina* em grupo pode ser encontrado em um apêndice no final deste livro (p. 77).

A lectio divina em nossas vidas

Na antiga tradição cristã, a *lectio divina* era considerada uma das maneiras mais importantes pelas quais os cristãos podiam experimentar a Deus na criação. Afinal, as Escrituras nada mais são do que parte da criação! Se uma pessoa está progredindo diariamente na arte de encontrar Cristo nas páginas da Bíblia, ela naturalmente começará a descobrir o Senhor de modo mais claro em outras coisas. Isto inclui, como não poderia deixar de ser, a nossa própria história pessoal.

A nossa própria vida é matéria perfeita para a *lectio divina*. Muitas vezes, as nossas preocupações, os nossos relacionamentos, as nossas esperanças e as nossas aspirações intervêm naturalmente na nossa meditação sobre as Escrituras, conforme já foi mencionado. Mas, algumas vezes, seria interessante nos sentarmos e simplesmente "lermos" as nossas próprias experiências dos últimos dias ou das últimas semanas nos nossos corações, do mesmo modo que lemos vagarosamente e saboreamos as palavras das Escrituras na *lectio divina*. Podemos estar presentes "com os ouvidos dos nossos corações" às nossas próprias lembranças, escutando a gentil presença de Deus a cada acontecimento das nossas vidas. Desse modo nos permitimos sentir a alegria de experimentar Cristo nos alcançando por meio de nossas próprias lembranças. A nossa história pessoal se torna a "história da nossa salvação".

Para os neófitos na prática da *lectio divina*, uma experiência em grupo da "*lectio* nas nossas vidas" pode ser de grande ajuda como introdução à *lectio divina* propriamente dita. Sua abordagem é detalhada ao final deste livro. Do mesmo modo que a *lectio divina* em grupo, essa experiência em grupo da *lectio* nas nossas vidas pode criar novos relacionamentos na comunidade e fazer com que experiências pessoais possam ser consagradas — oferecidas a Cristo — de modo concreto.

Porém, diferentemente da *lectio divina* em grupo baseada nas Escrituras, na *lectio* nas nossas vidas ficar em silêncio é mais importante do que compartilhar as experiências de cada um. O papel dos líderes do grupo é importante, desde que saibam conduzir o grupo a vários momentos de silêncio e de reflexão, sem que haja "interrupção", até o fim do exercício, por parte das pessoas que querem compartilhar suas experiências. Como as experiências que escolhemos para "ler" ou "ouvir" podem ser muito íntimas, é importante ressaltar que, nesse exercício em grupo, compartilhar essas experiências é inteiramente opcional, de modo que a privacidade de cada um dos participantes seja resguardada.

Em resumo, você deve permanecer em um silêncio repousante, e lembrar-se com vagar dos acontecimentos que ocorreram na sua vida durante um determinado período de tempo. A seguir, deve procurar por um acontecimento ou por uma lembrança que toque o seu coração do mesmo modo que se faz com a palavra ou a frase das Escrituras na *lectio divina* propriamente dita. Conforme você se lembra do lugar e das circunstâncias desse acontecimento ou dessa lembrança, deve procurar descobrir se Deus parecia estar então presente ou ausente. A seguir, você deve oferecer esse acontecimento para Deus e repousar em silêncio por alguns instantes. Um método de *lectio divina* nas nossas vidas em grupo é sugerido em um apêndice no final deste livro (p. 77).

Conclusão

A *lectio divina* é uma antiga arte espiritual que está sendo redescoberta em nossos dias. É uma maneira de fazer com que as Escrituras voltem a ser o que Deus originalmente tencionava que realmente fossem: um modo de nos unir a Deus. Por meio da *lectio divina* descobrimos o nosso próprio ritmo espiritual subjacente. Experimentamos Deus em uma oscilação gradual entre a nossa atividade e a nossa receptividade espiritual, em um movimento que oscila entre a prática espiritual e a contemplação.

A *lectio divina* nos ensina que Deus realmente nos ama. Na *lectio divina*, somos desafiados a acreditar que o nosso amado Pai continua a nos estender um abraço nos dias de hoje. E que esse abraço é real. Por meio da Palavra de Deus, podemos sentir que somos pessoalmente amados por Deus, que somos os destinatários da palavra que Deus oferece exclusivamente a cada um de nós toda vez que nos voltamos para Deus por meio das Sagradas Escrituras.

Finalmente, a *lectio divina* nos ensina muito sobre nós mesmos. Por meio da *lectio divina*, descobrimos que não existe um único lugar nos nossos corações e nenhum canto dentro de nós mesmos que não possa ser aberto e oferecido a Deus. Deus nos ensina, por meio da *lectio divina*, o verdadeiro significado de pertencer a um sacerdócio majestoso, a um povo chamado a consagrar todas as suas lembranças, todas as suas esperanças e todos os seus sonhos a Cristo.

Apêndices

Apêndice 1
Um guia para a Oração de Centramento individual

Sente-se confortavelmente em uma cadeira com um bom suporte para as costas e feche seus olhos com cuidado. É recomendável que você escolha um lugar onde não seja incomodado por nenhuma intromissão repentina. Um lugar silencioso ajuda bastante, porém não é essencial.

Três regras ou linhas mestras

Sente-se relaxado e permaneça em silêncio.

1 Deixe fluir sua fé e seu amor por Deus, que habita a parte mais profunda do seu ser.

2. Escolha uma palavra de amor e repita-a gentilmente, para lhe ajudar a estar com Deus com um amor repleto de fé.
3. Sempre que perder a concentração, simplesmente retorne gentilmente à presença do Senhor usando a mesma palavra de amor que você havia escolhido para a sua oração.

Ao final da oração, reze em silêncio um Pai-nosso (ou qualquer outra oração).

A Oração de Centramento baseia-se em uma tradição cristã cheia de vitalidade. O próprio nome dessa oração evoluiu ao longo dos séculos, desde a época dos primeiros cristãos, que a chamavam de *monologion*, ou "oração de uma única palavra". Ela já foi chamada de Oração do Coração, Oração da Simplicidade, Oração do Olhar Simples, e assim por diante. E a sua apresentação se adaptava às pessoas de cada época. Não nos surpreende o fato de que nos dias de hoje existam diferentes apresentações para ela, dependendo sobretudo do público para o qual é direcionada. Assim, podemos encontrar abordagens como a do Padre Thomas Keating, que apresenta a Oração de Centramento de um modo ligeiramente diferente, resumindo-a em quatro linhas mestras. Depois, temos a apresentação da Oração de Centramento por Ferdinand Mahfood, que se divide em cinco pontos principais.

...

As quatro guias mestras do Padre Thomas Keating

1. Escolha uma palavra sagrada que simbolize sua intenção de consentir a presença e a ação de Deus dentro de você.
2. Sente-se confortavelmente e permaneça com os olhos fechados, acomode-se brevemente e, silenciosamente, introduza a palavra sagrada que simboliza seu consentimento à presença e à ação de Deus sobre nós.
3. Se perder a concentração por causa de outros pensamentos, retorne o mais gentilmente possível à palavra sagrada.
4. Ao final da oração, permaneça em silêncio com os olhos fechados por mais alguns minutos.

Oração do Coração/ Oração de Centramento

Apresentação de cinco pontos de Ferdinand Mahfood

O MÉTODO. Reserve um horário para a oração: vinte minutos duas vezes ao dia, por pelo menos trinta dias. É recomendável escolher um horário que não interfira em suas tarefas rotineiras. Escolha um lugar silencioso, onde as distrações sejam mínimas.

1. Sente-se com as costas retas em uma cadeira confortável e relaxe. Feche os olhos.
2. Deixe fluir sua fé e seu amor para Deus. Muitas pessoas começam com uma oração simples como introdução. Por exemplo:

   Senhor, agradecemos a Ti por Tua maravilhosa relação conosco. Nestes poucos minutos, queremos estar inteiramente contigo. Com amor... em Cristo.

3. Escolha uma única palavra para a sua oração e repita-a gentilmente, para lhe ajudar a estar com Deus com um amor repleto de fé.
4. Sempre que perder a concentração por causa de qualquer ruído, emoção ou pensamento, simplesmente retorne à presença do Senhor repetindo gentilmente sua palavra de oração.
5. Ao final da oração, reze lentamente e em silêncio um Pai-nosso. Faça com que essa oração seja uma conclusão pacífica de seu momento com Deus.

Apêndice 2

Um guia para a Oração de Centramento em grupo

Um grupo será mais bem-sucedido se tiver um líder ou uma liderança estável. Isso não significa que, em cada encontro, diferentes membros do grupo não possam se revezar na liderança da oração. Esse revezamento é positivo. Como novos membros sempre são convidados a participar do grupo de orações, é recomendável começar cada encontro com uma breve introdução à Oração de Centramento, para ensinar seus elementos básicos. Após a introdução, sugiro o seguinte formato:

1. Vinte minutos de *Oração de Centramento*.
2. *Sessão de murmúrios* de três a sete minutos, conforme o tempo disponível. Ajuda a fazer com que as pessoas comecem a compartilhar suas experiências e a formular perguntas.

3 *Intervalo* de dez a quinze minutos. As pessoas podem dividir suas experiências informalmente.

4 *Sessão de perguntas*. É recomendável ter em mãos algumas perguntas mais comuns para começar essa sessão, caso os membros do grupo hesitem em fazê-las. Por exemplo: Como vocês chegaram à palavra usada na oração? Vocês conseguiram permanecer com a mesma palavra durante toda a oração? Como vocês podem saber se estão conduzindo a oração de maneira errada? Com que freqüência seria recomendável a Oração de Centramento? O que aconteceria se vocês se esquecessem de rezar a Oração de Centramento por um dia?

5 Uma breve palavra sobre a *lectio*.

6 *Oração de Centramento* — talvez precedida de um pouco de atividade física.

7 Estabeleça uma continuação para a Oração de Centramento em grupo. Nesta etapa, todos os recursos disponíveis que possam responder a perguntas sobre a experiência de Oração de Centramento são sugeridos para um estudo mais aprofundado, para encorajar os membros a continuar sua participação semanal no grupo de Oração de Centramento, e assim por diante.

Apêndice 3
Um guia para a Oração de Centramento individual

1 Abra as Escrituras com reverência, ciente da presença de Deus, e invoque o Espírito Santo.

2 Por cinco minutos (ou mais, se você costuma ler mais pausadamente), escute Deus falando com você por intermédio do texto e procure responder às suas palavras.

3 Ao terminar, escolha uma palavra ou uma frase (talvez alguma tenha sido "oferecida" a você) que seja diferente daquela que você usou na Oração de Centramento e agradeça a Deus por estar com você e por falar com você.

Apêndice 4
Duas abordagens diferentes para a lectio divina em grupo

A lectio divina feita em comunidade

PELO TOQUE GENTIL DE JESUS, ESCUTE A PALAVRA ENCARNADA (em sentido literal).

1 Uma pessoa lê duas vezes em voz alta o trecho das Escrituras escolhido, enquanto todas as outras devem ouvir atentamente, para que possam escolher um trecho que tenha um significado especial para elas.
2 A seguir, todos devem ficar de um a dois minutos em *silêncio*. Cada um deve ouvir e repetir para si mesmo a palavra ou a frase escolhida.

3 O próximo passo é dividir com as outras pessoas a palavra ou a frase que cada um escolheu, em poucas palavras, sem nenhuma *elaboração*.

COMO CRISTO, A PALAVRA ENCARNADA, FALOU COMIGO (em sentido alegórico).

4 Segunda leitura do mesmo trecho feita por um membro do sexo oposto ao da primeira pessoa que leu.
5 Todos devem ficar de dois a três minutos em *silêncio*, refletindo sobre a seguinte pergunta: "Como a leitura deste texto tocou minha vida no dia de hoje?"
6 Todos devem dividir em poucas palavras o que ouviram e o que viram.

O QUE CRISTO, A PALAVRA ENCARNADA, ME CONVIDA A FAZER (em sentido moral).

7 Terceira leitura do mesmo trecho das Escrituras por uma terceira pessoa.
8 A seguir, todos devem ficar de dois a três minutos em *silêncio*, refletindo sobre a seguinte sentença: "Acredito que Deus deseja que eu .... hoje/esta semana".
9 Todos devem dividir um pouco mais detidamente os resultados da reflexão de cada um.

10 Depois, compartilhar com as outras pessoas tudo o que experimentaram.

NOTA: É permitido a qualquer participante "passar" sua vez no momento em que desejar. Se em vez de compartilhar sua experiência com o grupo você preferir rezar em silêncio, simplesmente diga em voz alta que você fará isso e conclua sua oração silenciosa com um *amém*.

A lectio em nossas vidas

A lectio divina aplicada à minha história pessoal e à minha salvação

O objetivo deste exercício em grupo é aplicar um método de oração e de reflexão a um acontecimento de nossa própria vida em vez de a uma passagem das Escrituras.

PELO TOQUE GENTIL DE JESUS, ESCUTE A PALAVRA ENCARNADA (em sentido literal).

1 Cada participante deve permanecer em silêncio, tanto exterior como interiormente. Relaxe, sente-se confortavelmente, mas esteja alerta, feche os olhos, procure harmonizar sua respiração...

2 Cada participante deve recordar sem pressa todos os acontecimentos, situações, visões e encontros que aconteceram a partir do início do retiro ou durante o último mês no trabalho.

MEDITAÇÃO E REFLEXÃO, SEM PRESSA (*Meditatio* — Meditação)

3 Cada participante deve se concentrar em uma única oferenda.

a Procure se recordar do lugar, dos detalhes sensoriais, da seqüência de eventos, e assim por diante.

b Procure notar de onde a maior parte da energia parecia estar sendo emanada. Essa experiência foi um ponto de partida ou uma mudança de direção?

c De que modo Deus pareceu estar presente? Naquele momento, até que ponto eu estava consciente disso? E agora?

CONSAGRAÇÃO DA ORAÇÃO E BÊNÇÃO (*Oratio* — Oração)

4 Use uma palavra ou uma frase das Escrituras para consagrar interiormente tanto o acontecimento de sua vida em si como as reflexões resultantes dele, para oferecê-los

a Deus em sua oração. Permita que Deus os aceite e os abençoe como suas dádivas.

A ACEITAÇÃO DO ABRAÇO DE CRISTO; NOSSA PRESENÇA SILENCIOSA DIANTE DO SENHOR (*Contemplatio* — Contemplação)

5 Permaneça por algum tempo em silêncio.

COMPARTILHE SUA EXPERIÊNCIA NA *LECTIO DIVINA* COM OS OUTROS PARTICIPANTES (*Operatio* — Ação; Obras)

6 O líder pede que todos se reúnam em "comunidade".

7 Todos os participantes podem compartilhar brevemente a experiência de cada um na *lectio* (os participantes que desejarem poderão permanecer em silêncio).

Apêndice 5
Alguns livros recomendados

Do mesmo autor

Daily We Touch Him, Kansas City, Sheed & Ward, 1995.

Centering Prayer, New York, Doubleday, 1980.

A Place Apart, Liguori, MO, Liguori Publications, 1998.

Centered Living, Liguori, MO, Liguori Publications, 1999.

Lectio Divina, New York, Crossroad/Herder & Herder, 1998.

Living in the Question, New York, Continuum Pub Group, 1999.

Call to the Center, Hyde Park, NY, New City Press, 1990.

The Eucharist, Liguori, MO, Liguori Publications, 2000.

De outros autores

William JOHNSTON (ed.). *The Cloud of Unknowing and the Book of Privy Counseling*. New York, Doubleday, 1973.

Michael CASEY. *Sacred Reading: The Ancient Art of Lectio Divina*. Liguori, MO, Triumph Books, 1996.

Thelma HALL. *Too Deep for Words: Rediscovering Lectio Divina*. Mahwah, NJ, Paulist Press, 1988.

Fr. Thomas KEATING, O.C.S.O. *Open Mind, Open Heart*. Warwick, NY, Amity House, 1986.

Fr. Henri LE SAUX, O.S.B. *Prayer*. Philadelphia, Westminster Press, 1973.

Mariano MAGRASSI. *Praying the Bible: An Introduction to Lectio Divina*. Trad. Eduard Hagman. Collegeville, MN, Liturgical Press, 1998.

Mario MASINI. *Lectio Divina: An Ancient Prayer That Is Ever New*. Trad. Edmund C. Lane. New York: Alba House, 1998.

Thomas MERTON. *The Climate of Monastic Prayer*. Kalamazoo, MI, Cistercian Publications, 1968.

Francis Kelly NEMECK, Marie Theresa COOMBS, *Contemplation*. Wilmington, DE, Glazier, 1982.

Ghislaine SALVAIL. *At the Crossroads of Scriptures: An Introduction to Lectio Divina*. Trad. Paul Duggan. Boston, MA, Daughters of St. Paul, 1996.

Sobre os autores

O reverendíssimo abade Dom Basil Pennington, O.C.S.O. (também conhecido como Robert John Pennington) nasceu no Brooklyn, em Nova York, em 1931, filho de Dale Kelsey Pennington e de Helene Josephine Kenny. Ingressou na ordem Cisterciense em 1951 na Abadia de São José, em Spencer, Massachusetts, depois de se formar no Colégio da Catedral da Imaculada Conceição, e foi consagrado monge em 8 de setembro de 1956. Depois de sua ordenação em 1957, passou vários anos em Roma, onde ganhou um S.T.L., um J.C.L. e duas medalhas de ouro do papa João XXIII. Tomou parte do Concílio Vaticano II como perito e ajudou a elaborar o novo Código Canônico. Criou com Thomas Merton a Cistercian Publications, em 1968, e fundou o Instituto de Estudos

Cistercienses na Western Michigan University, em 1973. Tornou-se internacionalmente famoso por seus esforços no sentido de ajudar a Igreja a reencontrar sua dimensão contemplativa por meio do movimento da Oração de Centramento. Serviu por quatro anos como orientador vocacional de sua abadia, dando várias palestras e publicando um livro sobre o discernimento vocacional. Em 1983, em colaboração com líderes de outras igrejas e da sinagoga, criou a Mastering Foundation, para a habilitação daqueles que dedicam suas vidas ao sagrado ministério. De 1986 a 1989 serviu na Abadia de Assunção em Ava, Missouri. Em 1991, foi ajudar seus confrades chineses no Mosteiro de Nossa Senhora da Alegria, em Lantao, onde serviu até 1998, ao mesmo tempo em que continuava seu ministério ao redor do mundo sobre a Oração de Centramento. Publicou mais de cinqüenta livros e quase mil artigos em vários idiomas. Suas publicações mais recentes são: *Lectio Divina: Renewing the Ancient Practice of Praying the Scriptures* [*Lectio divina*: renovando a antiga prática de orar sobre as Escrituras] (Crossroad) e *Living in the Question* [Viver na questão] (Continuum). Padre Basil foi nomeado superior da Abadia da Assunção em janeiro de 2000 e eleito abade da Abadia de Nossa Senhora do Espírito Santo (em Conyers, Geórgia) em agosto do mesmo ano.

Luke Dysinger, O.S.B., é monge beneditino da Abadia de Santo André, em Valyermo, no sul da Califórnia. Antes de entrar para o mosteiro em 1980, foi médico de família e professor de ética biomédica. Foi prior, mestre de noviços e diretor vocacional em sua comunidade monástica. Atualmente é mestre do juniorato e bibliotecário. Em 2000, recebeu o seu Ph.D. em teologia da Universidade de Oxford, especializando-se nos textos de Evágrio Pôntico. Além de escrever sobre patrística, dá retiros e *workshops* e é professor de teologia moral e de história da Igreja no Seminário de São João, seminário diocesano da Arquidiocese de Los Angeles.

Edições Loyola

DISTRIBUIDORES DE EDIÇÕES LOYOLA

Se o(a) senhor(a) não encontrar qualquer um de nossos livros em sua livraria preferida ou em nossos distribuidores, faça o pedido por reembolso postal à:

Rua 1822 nº 347, Ipiranga – CEP 04216-000 – São Paulo, SP
Caixa Postal 42.335 – CEP 04218-970 – São Paulo, SP
Tel.: 11 6914-1922 – **Fax:** 11 6163-4275
vendas@loyola.com.br **www.loyola.com.br**

BAHIA

LIVRARIA E DISTRIBUIDORA MULTICAMP LTDA.
Rua Direita da Piedade, 203 – Piedade
Tel.: (71) 2101-8010 / 2101-8009
Telefax: (71) 3329-0109
40070-190 Salvador, BA
multicamp@uol.com.br

MINAS GERAIS

ASTECA DISTRIBUIDORA DE LIVROS LTDA.
Rua Costa Monteiro, 50 e 54
Bairro Sagrada Família
Tel.: (31) 3423-7979 • Fax: (31) 3424-7667
31030-480 Belo Horizonte, MG
distribuidora@astecabooks.com.br

MÃE DA IGREJA LTDA.
Rua São Paulo, 1054/1233 – Centro
Tel.: (31) 3213-4740 / 3213-0031
30170-131 Belo Horizonte, MG
maedaigrejabh@wminas.com

RIO DE JANEIRO

ZÉLIO BICALHO PORTUGAL CIA. LTDA.
Vendas no Atacado e no Varejo
Av. Presidente Vargas, 502 – sala 1701
Telefax: (21) 2233-4295 / 2263-4280
20071-000 Rio de Janeiro, RJ
zeliobicalho@prolink.com.br

EDITORA VOZES LTDA – SEDE
Rua Frei Luis, 100 – Centro
25689-900 Petrópolis, RJ
Tel.: (24) 2233-9017 • Fax: (24) 2246-5552
vozes62@uol.com.br

RIO GRANDE DO SUL

LIVRARIA E EDITORA PADRE REUS
Rua Duque de Caxias, 805
Tel.: (51) 3224-0250 • Fax: (51) 3228-1880
90010-282 Porto Alegre, RS
livrariareus@livraria-padre-reus.com.br

SÃO PAULO

DISTRIBUIDORA LOYOLA DE LIVROS LTDA.
Vendas no Atacado
Rua São Caetano, 959 – Luz
Tel.: (11) 3322-0100 • Fax: (11) 3322-0101
01104-001 São Paulo, SP
vendasatacado@livrarialoyola.com.br

LIVRARIAS PAULINAS
Via Raposo Tavares, km 19,145
Tel.: (11) 3789-1425 / 3789-1423
Fax: (11) 3789-3401
05577-300 São Paulo, SP
expedicao@paulinas.org.br

REVENDEDORES DE EDIÇÕES LOYOLA

AMAZONAS

EDITORA VOZES LTDA.
Rua Costa Azevedo, 105 – Centro
Tel.: (92) 3232-5777 • Fax: (92) 3233-0154
69010-230 Manaus, AM
vozes61@uol.com.br

LIVRARIAS PAULINAS
Av. 7 de Setembro, 665
Tel.: (92) 3633-4251 / 3233-5130
Fax: (92) 3633-4017
69005-141 Manaus, AM
livmanaus@paulinas.org.br

BAHIA

EDITORA VOZES LTDA.
Rua Carlos Gomes, 698A –
Conjunto Bela Center – loja 2
Tel: (71) 3329-5466 • Fax: (71) 3329-4749
40060-410 Salvador, BA
vozes20@uol.com.br

LIVRARIAS PAULINAS
Av. 7 de Setembro, 680 – São Pedro
Tel.: (71) 3329-2477 / 3329-3668
Fax: (71) 3329-2546
40060-001 Salvador, BA
livsalvador@paulinas.org.br

BRASÍLIA

EDITORA VOZES LTDA.
SCLR/Norte – Q. 704 – Bloco A n. 15
Tel.: (61) 3326-2436 • Fax: (61) 3326-2282
70730-516 Brasília, DF
vozes09@uol.com.br

LIVRARIAS PAULINAS
SCS – Q. 05 / Bl. C / Lojas 19/22 – Centro
Tel.: (61) 3225-9595 • Fax: (61) 3225-9219
70300-500 Brasília, DF
livbrasilia@paulinas.org.br

CEARÁ

EDITORA VOZES LTDA.
Rua Major Facundo, 730
Tel.: (85) 3231-9321 • Fax: (85) 3231-4238
60025-100 Fortaleza, CE
vozes23@uol.com.br

LIVRARIAS PAULINAS
Rua Major Facundo, 332
Tel.: (85) 226-7544 / 226-7398
Fax: (85) 226-9930
60025-100 Fortaleza, CE
livfortaleza@paulinas.org.br

ESPÍRITO SANTO

LIVRARIAS PAULINAS
Rua Barão de Itapemirim, 216 – Centro
Tel.: (27) 3223-1318 / 0800-15-712
Fax: (27) 3222-3532
29010-060 Vitória, ES
livvitoria@paulinas.org.br

GOIÁS

EDITORA VOZES LTDA.
Rua 3, nº 291
Tel.: (62) 3225-3077 • Fax: (62) 3225-3994
74023-010 Goiânia, GO
vozes27@uol.com.br

LIVRARIA ALTERNATIVA
Rua 70, nº 124 – Setor Central
Tel.: (62) 3229-0107 / 3224-4292
Fax: (62) 3212-1035
74055-120 Goiânia, GO
distribuidora@livrariaalternativa.com.br

LIVRARIAS PAULINAS
Av. Goiás, 636
Tel.: (62) 224-2585 / 224-2329
Fax: (62) 224-2247
74010-010 Goiânia, GO
livgoiania@paulinas.org.br

MARANHÃO

EDITORA VOZES LTDA.
Rua da Palma, 502 – Centro
Tel.: (98) 3221-0715 • Fax: (98) 3222-9013
65010-440 São Luís, MA
livrariavozes@terra.com.br

LIVRARIAS PAULINAS
Rua de Santana, 499 – Centro
Tel.: (98) 232-3068 / 232-3072
Fax: (98) 232-2692
65015-440 São Luís, MA
fspsaoluis@elo.com.br

MATO GROSSO

EDITORA VOZES LTDA.
Rua Antônio Maria Coelho, 197A
Tel.: (65) 3623-5307 • Fax: (65) 3623-5186
78005-970 Cuiabá, MT
vozes54@uol.com.br

MINAS GERAIS

ASTECA DISTRIBUIDORA DE LIVRO LTDA.
Av. Dr. Cristiano Guimarães, 2127
sala 108 – Planalto
Tel.: (31) 3443-3990
31720-300 Belo Horizonte, MG

EDITORA VOZES LTDA.
Rua Sergipe, 120 – loja 1
Tel.: (31) 3226-9010 • Fax: (31) 3226-7797
30130-170 Belo Horizonte, MG
vozes04@uol.com.br

Rua Tupis, 114
Tel.: (31) 3273-2538 • Fax: (31) 3222-4482
30190-060 Belo Horizonte, MG
vozes32@uol.com.br

Rua Espírito Santo, 963
Tel.: (32) 3215-9050 • Fax: (32) 3215-8061
36010-041 Juiz de Fora, MG
vozes35@uol.com.br

LIVRARIAS PAULINAS
Av. Afonso Pena, 2142
Tel.: (31) 3269-3700 • Fax: (31) 3269-3730
30130-007 Belo Horizonte, MG
livbelohorizonte@paulinas.org.br

Rua Curitiba, 870 – Centro
Tel.: (31) 3224-2832 • Fax: (31) 3224-2208
30170-120 Belo Horizonte, MG
gerencialivbelohorizonte@paulinas.org.br

PARÁ

LIVRARIAS PAULINAS
Rua Santo Antônio, 278 – B. do Comércio
Tel.: (91) 3241-3607 / 3241-4845
Fax: (91) 3224-3482
66010-090 Belém, PA
livbelem@paulinas.org.br

PARANÁ

EDITORA VOZES LTDA.
Rua Pamphilo de Assumpção, 554 – Centro
Tel.: (41) 3333-9812 • Fax: (41) 3332-5115
80220-040 Curitiba, PR
vozes21@uol.com.br

Rua Emiliano Perneta, 332 – loja A
Telefax: (41) 3233-1392
80010-050 Curitiba, PR
vozes64@uol.com.br

Rua Senador Souza Naves, 158-C
Tel.: (43) 3337-3129 • Fax: (43) 3325-7167
86020-160 Londrina, PR
vozes41@uol.com.br

LIVRARIAS PAULINAS
Rua Voluntários da Pátria, 225
Tel.: (41) 3224-8550 • Fax: (41) 3223-1450
80020-000 Curitiba, PR
livcuritiba@paulinas.org.br

Av. Getúlio Vargas, 276 – Centro
Tel.: (44) 226-3536 • Fax: (44) 226-4250
87013-130 Maringá, PR
livmaringa@paulinas.org.br

PERNAMBUCO, PARAÍBA, ALAGOAS, RIO GRANDE DO NORTE E SERGIPE

EDITORA VOZES LTDA.
Rua do Príncipe, 482
Tel.: (81) 3423-4100 • Fax: (81) 3423-7575
50050-410 Recife, PE
vozes10@uol.com.br

LIVRARIAS PAULINAS
Rua Duque de Caxias, 597 – Centro
Tel.: (83) 241-5591 / 241-5636 • Fax: (83) 241-6979
58010-821 João Pessoa, PB
livjpessoa@paulinas.org.br

Rua Joaquim Távora, 71
Tel.: (82) 326-2575 • Fax: (82) 326-6561
57020-320 Maceió, AL
livmaceio@paulinas.org.br

Rua João Pessoa, 224 – Centro
Tel.: (84) 212-2184 • Fax: (84) 212-1846
59025-200 Natal, RN
livnatal@paulinas.org.br

Rua Frei Caneca, 59 – Loja 1
Tel.: (81) 3224-5812 / 3224-6609
Fax: (81) 3224-9028 / 3224-6321
50010-120 Recife, PE
livrecife@paulinas.org.br

RIO DE JANEIRO

EDITORA VOZES LTDA.
Rua México, 174 – Sobreloja – Centro
Telefax: (21) 2215-0110 / 2533-8358
20031-143 Rio de Janeiro, RJ
vozes42@uol.com.br

LIVRARIAS PAULINAS
Rua 7 de Setembro, 81-A
Tel.: (21) 2232-5486 • Fax: (21) 2224-1889
20050-005 Rio de Janeiro, RJ
livjaneiro@paulinas.org.br

Rua Dagmar da Fonseca, 45
Loja A/B – Bairro Madureira
Tel.: (21) 3355-5189 / 3355-5931
Fax: (21) 3355-5929
21351-040 Rio de Janeiro, RJ
livmadureira@paulinas.org.br

Rua Doutor Borman, 33 – Rink
Tel.: (21) 2622-1219 • Fax: (21) 2622-9940
24020-320 Niterói, RJ
livniteroi@paulinas.org.br

ZÉLIO BICALHO PORTUGAL CIA. LTDA.
Rua Marquês de S. Vicente, 225 – PUC
Prédio Cardeal Leme – Pilotis
Telefax: (21) 2511-3900 / 2259-0195
22451-041 Rio de Janeiro, RJ

Centro Tecnologia – Bloco A – UFRJ
Ilha do Fundão – Cidade Universitária
Telefax: (21) 2290-3768 / 3867-6159
21941-590 Rio de Janeiro, RJ
livrarialiança@prolink.com.br

RIO GRANDE DO SUL

EDITORA VOZES LTDA.
Rua Riachuelo, 1280
Tel.: (51) 3226-3911 • Fax: (51) 3226-3710
90010-273 Porto Alegre, RS
vozes05@uol.com.br

LIVRARIAS PAULINAS
Rua dos Andradas, 1212 – Centro
Tel.: (51) 3221-0422 • Fax: (51) 3224-4354
90020-008 Porto Alegre, RS
livpalegre@paulinas.org.br

RONDÔNIA

LIVRARIAS PAULINAS
Rua Dom Pedro II, 864 – Centro
Tel.: (69) 3224-4522 • Fax: (69) 3224-1361
78900-010 Porto Velho, RO
fsp-pvelho@ronet.org.br

SANTA CATARINA

EDITORA VOZES
Rua Jerônimo Coelho, 308
Tel.: (48) 3222-4112 • Fax: (48) 3222-1052
88010-030 Florianópolis, SC
vozes45@uol.com.br

SÃO PAULO

DISTRIB. LOYOLA DE LIVROS LTDA.
Vendas no Varejo
Rua Senador Feijó, 120
Telefax: (11) 3242-0449
01006-000 São Paulo, SP
senador@livrarialoyola.com.br

Rua Barão de Itapetininga, 246
Tel.: (11) 3255-0662 • Fax: (11) 3231-2340
01042-001 São Paulo, SP
loyola_barao@terra.com.br

Rua Quintino Bocaiúva, 234 – Centro
Tel.: (11) 3105-7198 • Fax: (11) 3242-4326
01004-010 São Paulo, SP
atendimento@livrarialoyola.com.br

EDITORA VOZES LTDA.
Rua Senador Feijó, 168
Tel.: (11) 3105-7144 • Fax: (11) 3105-7948
01006-000 São Paulo, SP
vozes03@uol.com.br

Rua Haddock Lobo, 360
Tel.: (11) 3256-0611 • Fax: (11) 3258-2841
01414-000 São Paulo, SP
vozes16@uol.com.br

EDITORA VOZES LTDA.
Rua dos Trilhos, 627 – Mooca
Tel.: (11) 6693-7944 • Fax: (11) 6693-7355
03168-010 São Paulo, SP
vozes37@uol.com.br

Rua Barão de Jaguara, 1097
Tel.: (19) 3231-1323 • Fax: (19) 3234-9316
13015-002 Campinas, SP
vozes40@uol.com.br

CENTRO DE APOIO AOS ROMEIROS
Setor "A", Asa "Oeste"
Rua 02 e 03 – Lojas 111 / 112 e 113 / 114
Tel.: (12) 564-1117 • Fax: (12) 564-1118
12570-000 Aparecida, SP
vozes56@uol.com.br

LIVRARIAS PAULINAS
Rua Domingos de Morais, 660 – V. Mariana
Tel.: (11) 5081-9330
Fax: (11) 5549-7825 / 5081-9366
04010-100 São Paulo, SP
livdomingos@paulinas.org.br

Rua XV de Novembro, 71
Tel.: (11) 3106-4418 / 3106-0602
Fax: (11) 3106-3535
01013-001 São Paulo, SP
liv15@paulinas.org.br

LIVRARIAS PAULINAS
Av. Marechal Tito, 981 – São Miguel Paulista
Tel.: (11) 6297-5756 • Fax: (11) 6956-0162
08010-090 São Paulo, SP
livsmiguel@paulinas.org.br

PORTUGAL

MULTINOVA UNIÃO LIV. CULT.
Av. Santa Joana Princesa, 12 E
Tel.: 00xx351 21 842-1820 / 848-3436
1700-357 Lisboa, Portugal

DISTRIB. DE LIVROS VAMOS LER LTDA.
Rua 4 de infantaria, 18-18A
Tel.: 00xx351 21 388-8371 / 60-6996
1350-006 Lisboa, Portugal

EDITORA VOZES
Av. 5 de outubro, 23
Tel.: 00xx351 21 355-1127
Fax: 00xx351 21 355-1128
1050-047 Lisboa, Portugal
vozes@mail.telepac.pt

Este livro foi composto nas famílias tipográficas
Cantoria MT e *Coronet*
e impresso em papel *Offset* $75g/m^2$

Edições Loyola

editoração impressão acabamento

rua 1822 nº 347
04216-000 são paulo sp
T 55 11 6914 1922
F 55 11 6163 4275
www.loyola.com.br